J.F. Batellier.

DESSINE-MOI UN SIDA MENTAL

Editions La Découverte

DU MÊME AUTEUR

Les trois premiers titres auto-édités de Jean-François Batellier, bientôt épuisés, sont encore disponibles par correspondance, ainsi que le livre anglais.
Un album : 80 F (frais d'envoi compris).
Commande à adresser à J.-F. Batellier, 38, rue Cabanis, 75014 Paris.
Circulez, y'a rien à voir est édité et distribué par La Découverte.

ISBN 2-7071-1706-4

DERNIÈRE MINUTE

LA NOVLANGUE DE BOIS

..ESPÈCE DE NON-PENSANT !
PARIS-CLATCH
LE POIDS DES MOTS
EXCUSEZ-MOI JE SUIS MAL-ENTENDANTE
PLAN DE PARIS
LE MATIN
ACTION DIRECTE A ENCORE ANTICIPÉ !
J.F. Batellier.
9/85

Août 1985: des plongeurs de la «piscine» (*alias* DGSE, services secrets français) seraient impliqués dans le plasticage en Nouvelle-Zélande du *Rainbow Warrior*, navire du mouvement Greenpeace. Charles Hernu, ministre des Armées, dément.

Qui a coulé le Titanic ?

Septembre 1985 : vague d'articles dans la presse au sujet du naufrage du *Titanic*. Pure coïncidence...

Septembre 1985 : la presse débine le rapport «Tricot».

*Base corse des plongeurs de la DGSE.

La France prête à négocier la libération des «époux Turenge» en moutons néo-zélandais.

..CHEF ! JE VIENS DE RETROUVER LES TABLETTES SACRÉES DU SOCIALISME ARCAIIX !
LES FOUILLES DU PRESIDENT
PROGRAMME COMMUN

PENSÉE MAI 68
DÉC 1985
ÉROSION...
J.F. Barellier. 12/85

Octobre 1985 : Mitterrand visite un site gaulois dans le Morvan, et rend hommage à Vercingétorix et à ... Astérix.

JARUZELSKI À PARIS

1914-1918
- A NOS MORTS -
LA PATRIE RECONNAISSANTE
11 NOVEMBRE
JEAN VANDENBROUCK
MARIO PEREIRA
COIMBRE 1897 VERDU
GIANFRANCO COLUMBO
GENES. 1887 VERDUN 1916
STEPAN
SAMUEL
LEVISTEIN
MOHAMMED
BEN-ARAB
SETIF-1889
VERDUN-1916
IMMIGRÉS
YANNICK LE GOFF
MORLAIX-1895 VERDUN 16

LES IMMIGRÉS, ENJEU DES ÉLECTIONS DE MARS 1986

QUAI DES BRUNS

avec MICHÈLE MARGOT
et RICHARD ANCONINA
– un film de Michel MARMIN –

Dans *Marianne,* magazine de la nouvelle droite, le critique de cinéma, Michel Marmin, met en cause le faciès des acteurs de la nouvelle génération : Depardieu, Berry, Anconina, etc. Délit de «sale gueule»?...

1991 : ouverture d'un Dysneyland à Marne-la-Vallée.

Les footballeurs du PSG trouvent un peu encombrants certains de leurs supporters.

100000 Français maghrébins seulement sont inscrits sur les listes électorales, alors que le «vote beur» pourrait peser jusqu'à 800000 voix. Je vote, donc j'existe...

... REPRENONS : VOUS SUPPRIMEZ LE CHAPITRE "IMMIGRÉS ET INSÉCURITÉ".. NOUVEAU TITRE : "BLÉDEVILLE TERRE D'ACCUEIL".. DEUX POINTS - A LA LIGNE - "CES JEUNES" - VIRGULE - "SOUVENT NÉS EN FRANCE" - VIRGULE..
E - FRATERNITÉ
VOTEZ
VOTRE MAIRE
JF. Batellier. 10/85

MARS 1986 : ÉLECTIONS LÉGISLATIVES

Janvier 1986 : à deux mois du scrutin, la droite est donnée gagnante, mais le PS remonte subitement à 30 % des intentions de vote.

OPPOSITION : LE CHAINON MANQUANT

..VIVEMENT

DEMAIN !
JF. Batellier.
3/86

Retour au scrutin majoritaire : Pasqua chargé du découpage.

L'Assemblée neutralisée par le recours répété aux votes bloqués autorisés par l'article 49.3.

Le député des Vosges, Philippe Séguin, homme de gauche du RPR?

Exit Yvette Roudy, bonjour Claude Malhuret.

Le Nord uni contre la décision de Léotard de faire revenir les «plans-reliefs» de Lille à Paris.

PRINTEMPS 1986: BAVURES POLICIÈRES EN RAFALES

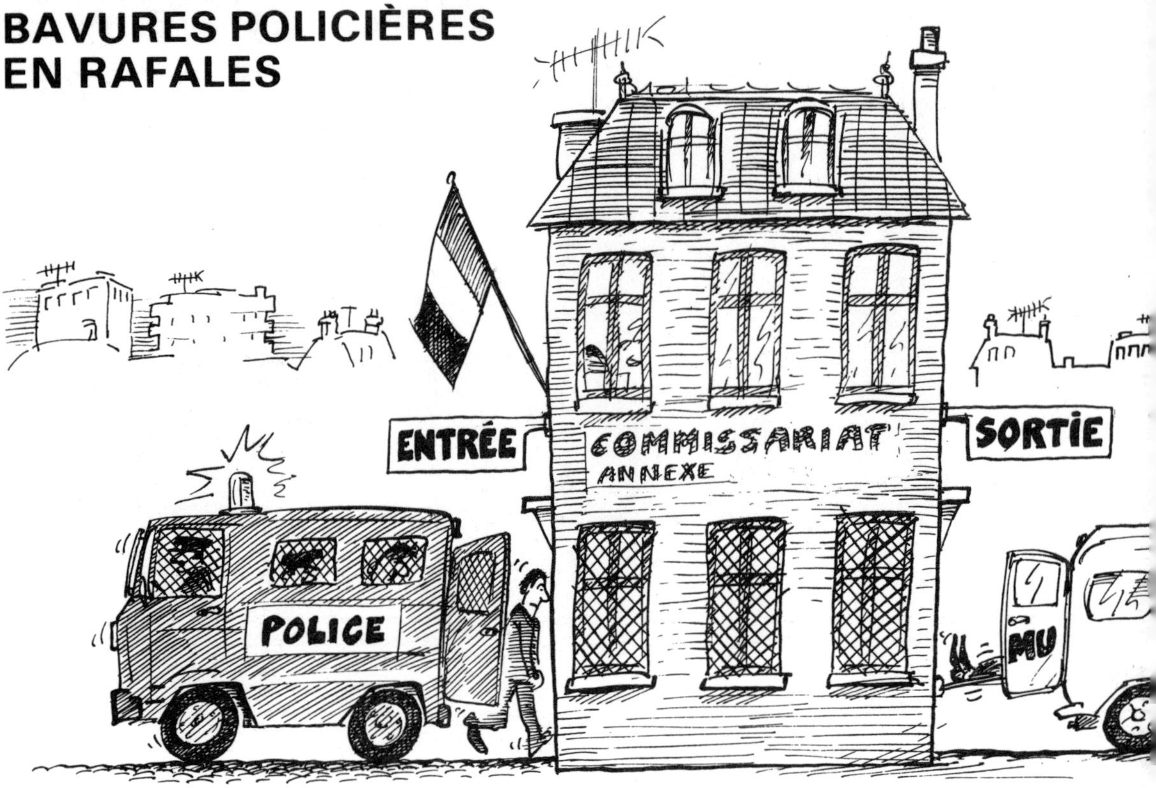

Aux Halles, des mineurs sont retenus une nuit entière. Les parents ne sont pas prévenus.

UN FRANÇAIS SUR DEUX HOSTILE A LA DÉLATION

L'opinion divisée sur les mesures encourageant la délation.

Avril 1986 : amnistie pour les capitaux émigrés.

AEROPORT DE PAR
VOLS INTERIEURS - INTERIOR
AIR-INTE
FLIGHTS
DEPART
DEPARTURE
J.F. Batellier.
4/86

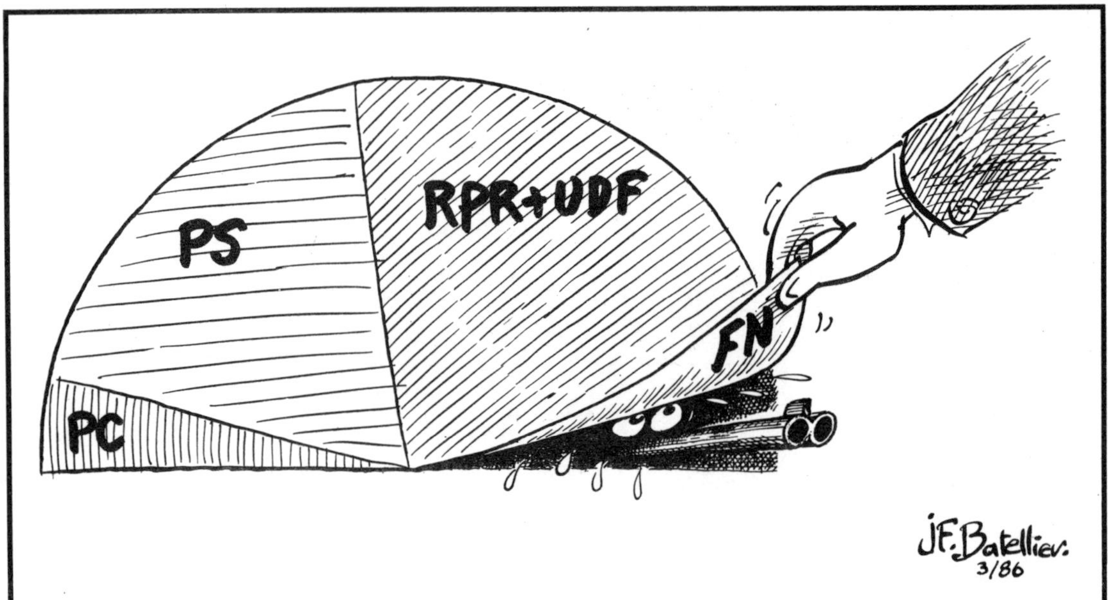

Le parti de la trouille au parlement.

Après le 16 mars, pas d'accord national UDF-RPR avec le Front national. Sur le plan local...

APRÈS LE 16 MARS, LES IMMIGRÉS EN JEU

Toulon, août 1986: quatre militants de l'organisation d'extrême droite «SOS-France» périssent dans l'explosion de leur propre bombe.

TUNNEL SOUS LA MANCHE : L'UN DES PROJETS..

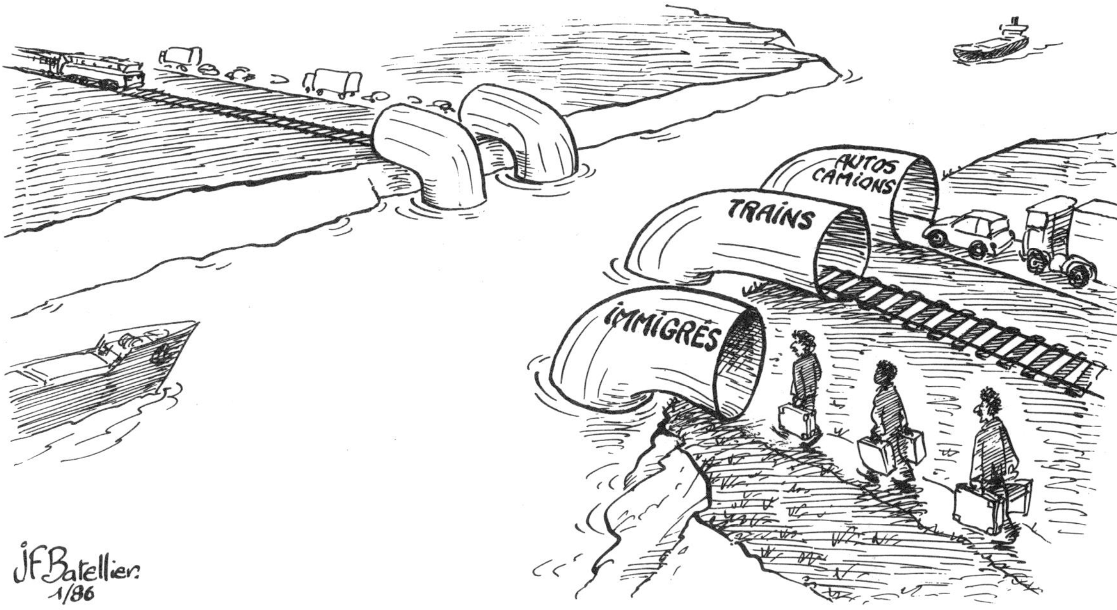

..QUE FAIRE DES SURPLUS DE BEURS DE LA C.E.E ?

AÉROPORT CHARLES PASQUA
BIENVENUE AUX ÉLECTEURS
DU FRONT NATIONAL
AIR-P-R
TOTAL
AIR MALI
AÉROPORT C. PASQUA
AIR-P-R
DÉPARTS
ARRIVÉES
J.F. Batellier.
5/87

Sam
Suffy
DANGER
CHIEN
MÉCHANT
CODE DE LA
NATIONALITÉ
J.F. Batellier.
6/87

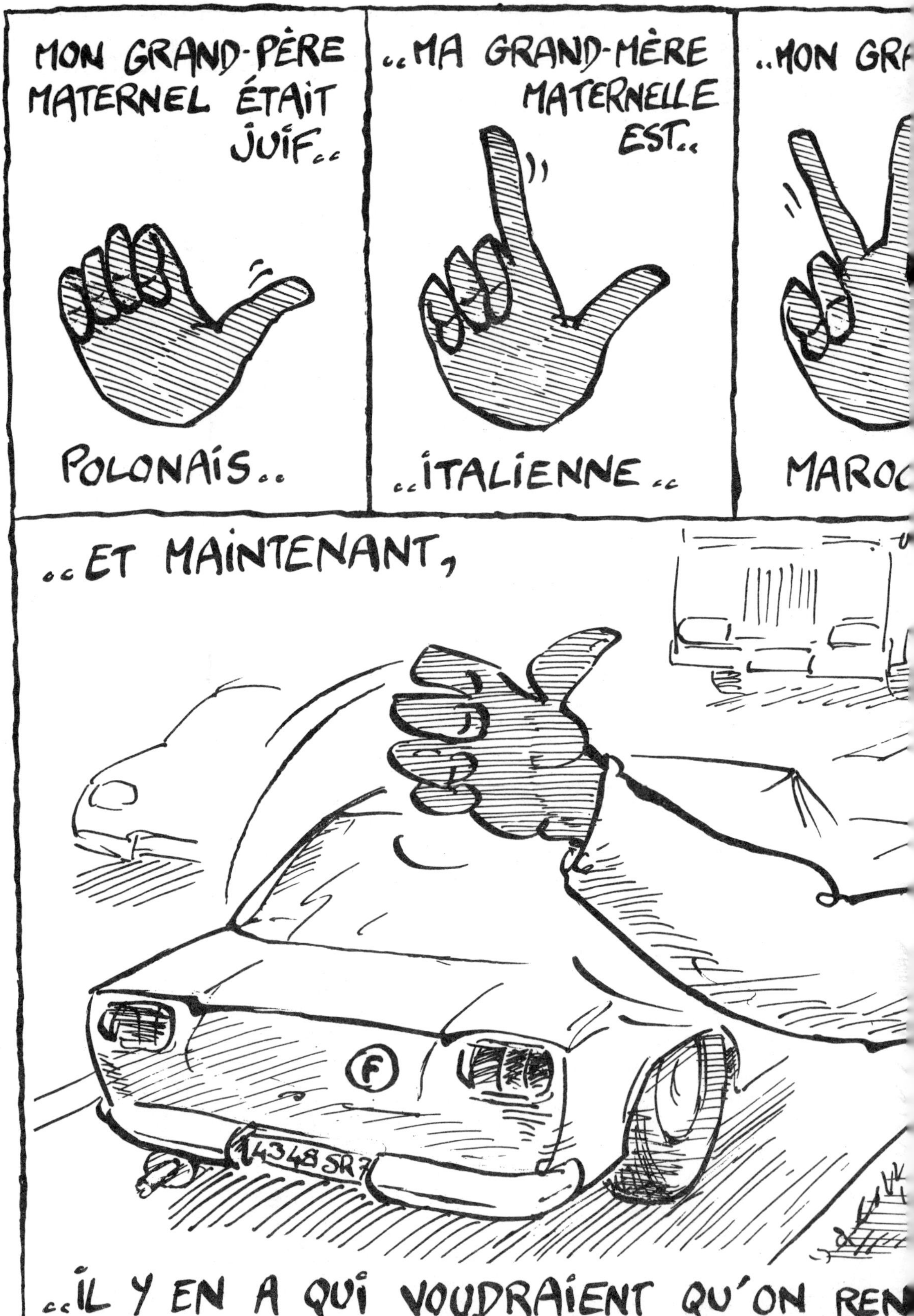
MON GRAND-PÈRE MATERNEL ÉTAIT JUIF..
POLONAIS..
..MA GRAND-MÈRE MATERNELLE EST..
..ITALIENNE..
..MON GRA
MAROC
..ET MAINTENANT,
4348 SR 7
..IL Y EN A QUI VOUDRAIENT QU'ON REN

-PÈRE
ATERNEL
EST..
N..
MON AUTRE GRAND-MÈRE
..ELLE EST..
SÉNÉGALAISE..
..MOI, MES 2 FRANGINS ET MES
..2 SOEURS, ON EST TOUS NÉS À PARIS!
VARSOVIE? TURIN? CASABLANCA? DAKAR?
E "CHEZ NOUS"!...
JF. Batellier. 2/86

NOËL :
ATTENTATS DANS LES GRANDS MAGASINS A PARIS..
J.F. Batellier. 12/85

..Y'A RIEN À FAIRE ! JE NE M'Y HABITUERAI JAMAIS !
BOUM
J.F. Batellier. 9/86

SEPTEMBRE NOIR A PARIS

Septembre 1986 : vague d'attentats meurtriers à Paris. Les terroristes réclament la libération d'Abdallah et consorts.

SEPTEMBRE : OUVERTURE DE LA CHASSE...

PASQUA : "NOUS ALLONS TERRORISER LES TERRORISTES !"

JEUNES :
ROCK
METRO
BOULOT
DODO
.. DÉJÀ QUE CE QUI ATTENDAIT BEAUCOUP D'ENTRE VOUS N'AVAIT RIEN D'ENTHOUSIASMANT !
ALORS AVEC LE CHÔMAGE QU'IL Y A EN CE MOMENT !
CONTRÔLE
BOULOT
.. ET PLUS DE BOULOT ➜ PLUS DE DODO !
LOYER IMPAYÉ : MAI + JUIN + JUILLET + AOÛT DOIT = 13100 F EN VOTRE AIMABLE RÈGLEMENT
DODO
.. RESTE LE MÉTRO !
DAUMESNIL
DAUMESNIL
EVASION
ET ENCORE .. LE MÉTRO, PAR LES TEMPS QUI COURENT !
LES VICTIMES DU TERRORISME
TIC-TAC TIC-TAC TIC-TAC
GIBERT JEUNE
.. C'EST PAS VRAI, QUEL BOURDON ! QU'EST-CE QUE J'AI À FAIRE DES DESSINS PAREILS .. DÉJÀ QUE LES GENS N'ONT PAS LA FRITE .. LA RENTRÉE, LES IMPÔTS .. LÀ JE LES ENFONCE DÉFINITIVEMENT !
.. PAPA, IL EST JOLI MON DESSIN : C'EST UNE PRINCESSE ..
IL EST TRÈS BEAU MA COCOTTE ..
.. ENCORE UN CROBARD QUI NE PARAITRA JAMAIS DANS "JOURS DE FRANCE"
J.F. Batellier 9/86

Février 1987 : l'état-major d'«Action directe» décapité.

MAGISTRATURE ASSISE.. COUGHÉ

Mars 1987 : Abdallah condamné à perpète.

273
MICHELON
Marlborou
DAHAITSU
NAZA-ATOMIC
Marlborou
J.F. Batellier.
1/86

JE
CHERCHE
SPONSOR
-DEPART-
MARCHE DE LA FAIM
DAKAR-PARIS
1318
J.F. Batellier.
8/87

Fin 1985 : le krach des matières premières. L'ensemble des marchés est à la baisse ; un risque majeur pour l'économie mondiale.

LE BLUES DU H.L.M DES SIXTIES..

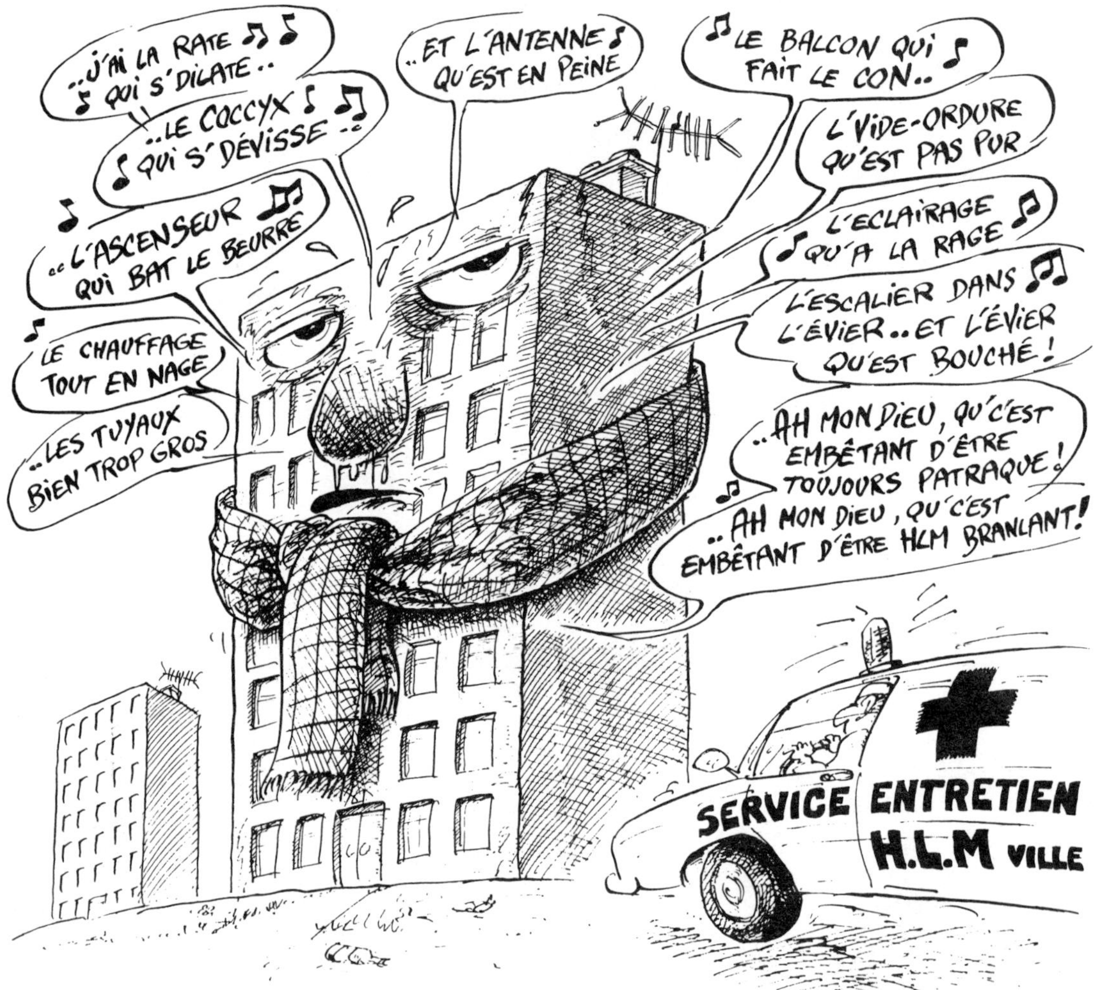

«Qu'il était blême, mon HLM...»

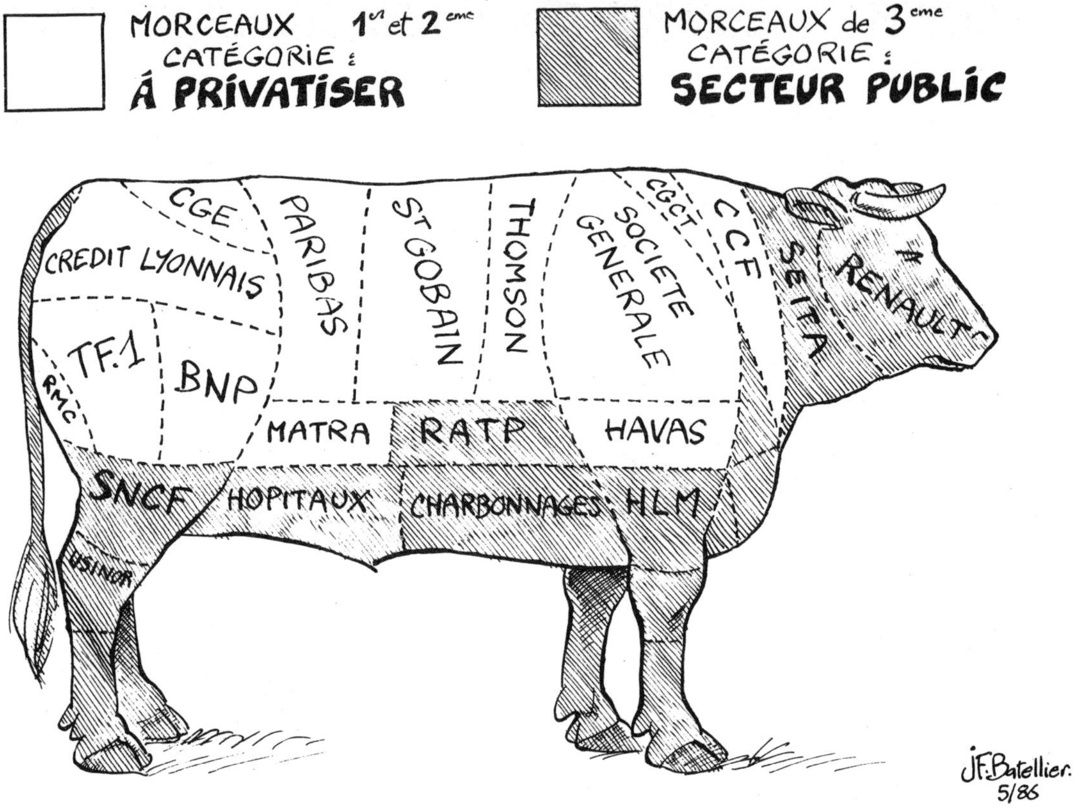
MORCEAUX 1er et 2ème CATÉGORIE : À PRIVATISER
MORCEAUX de 3ème CATÉGORIE : SECTEUR PUBLIC
CGE
PARIBAS
ST GOBAIN
THOMSON
CGCT
SOCIETE GENERALE
CCF
SEITA
RENAULT
CREDIT LYONNAIS
TF.1
BNP
RMC
MATRA
RATP
HAVAS
SNCF
HOPITAUX
CHARBONNAGES
HLM
USINOR
J.F. Batellier. 5/86

APRÉS LES CHÈQUES PAYANTS, LES BILLETS PAYANTS ?
..ÇA VOUS FAIT 120 FRS TOUT ROND..
VOILÂ !
CENT TROIS FRANCS
BANQUE
BANQUE DE FRANCE
103
21
644105
1987
T.91
J.F. Batellier 12/86

URBANISME : RÉHABILITONS LES CHALANDONETTES

La France, paradis des jeux.

…UT PATRONAGE DE L'ÉTAT
…LON
du
…OTO
…DES JEUX
..MONSIEUR, LE SORT A VOULU QUE VOUS SOYEZ NOTRE 30.000.000ème VISITEUR! ..VOUS VENEZ DE GAGNER LA COQUETTE SOMME DE..
J.F. Batellier 10/85

MADAME, MONSIEUR, ENTREZ DANS

E MONDE DE PARIBAS..

Novembre 1985: dernier volet de la réforme Chevènement. Les filières seront plus diversifiées et il y aura moins de maths, même en «C»...

DANGER
CHOMAGE
J.F. Batellier.
4/87

LE FIGARO
premier quotidien national français
Camouflés dans les manifestations d'étudiants et de lycéens
Les casseurs dans la rue
1 CASSEUR
1000 MANIFESTANTS
UNE PRESSE DE PREMIER PLAN!
J.F. Batellier. 12/86

.. MOINS DE PLACES DANS L'ENSEIGNEMENT (PUBLIC)..
.. PLUS DE PLACES DANS LES PRISONS (PRIVÉES)..
PROF MONORY
ÉCHEC SCOLAIRE
J.F. Batellier. 12/86

Après la mort de Malik Oussekine, Pasqua prétend être injustement harcelé par la presse.

HIVER 86-87 : VICTIMES DES

ÉLÉMENTS DÉCHAINÉS...

Janvier 1987 : après les étudiants, les cheminots.

Janvier 1987: Isabelle Adjani victime d'une rumeur.

Juin 1987: Léotard relance la guerre des chaînes.

PCF : TOUJOURS EN RETARD D'UN METRO DE MOSCOU...

1956

1987

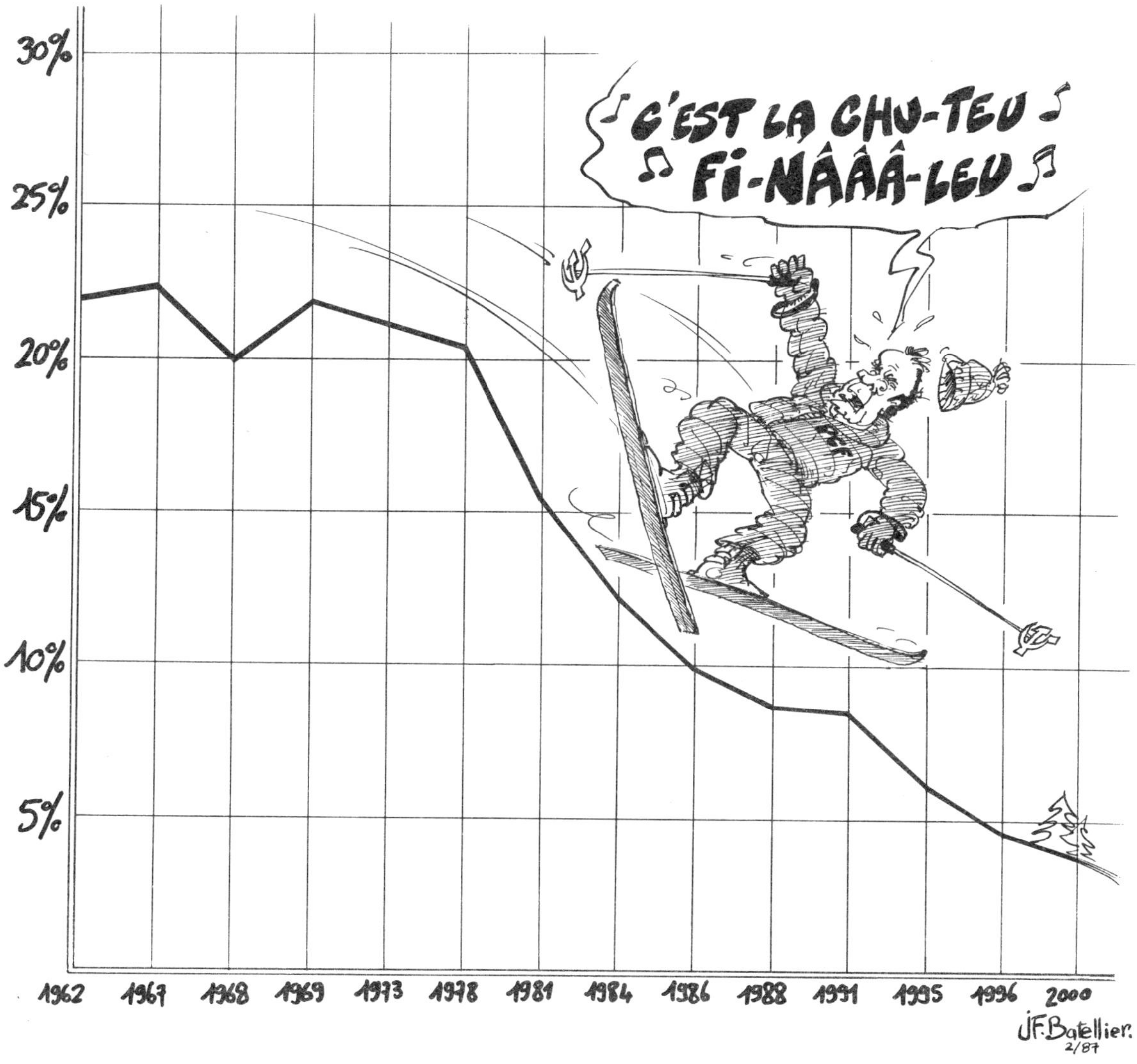

C'EST LA CHU-TEU
FI-NÂÂÂ-LEU
30%
25%
20%
15%
10%
5%
1962 1967 1968 1969 1973 1978 1981 1984 1986 1988 1991 1995 1996 2000
J.F. Batellier. 2/87

.. APRÈS L'ÉVASION EN HÉLICO DE LA PRISON DE LA SANTÉ, ON CRAINT D'AUTRES TENTATIVES!

LA SUCCESSION DE GASTON DEFERRE : PENDANT LA MESSE, LES TRAVAUX CONTINUENT

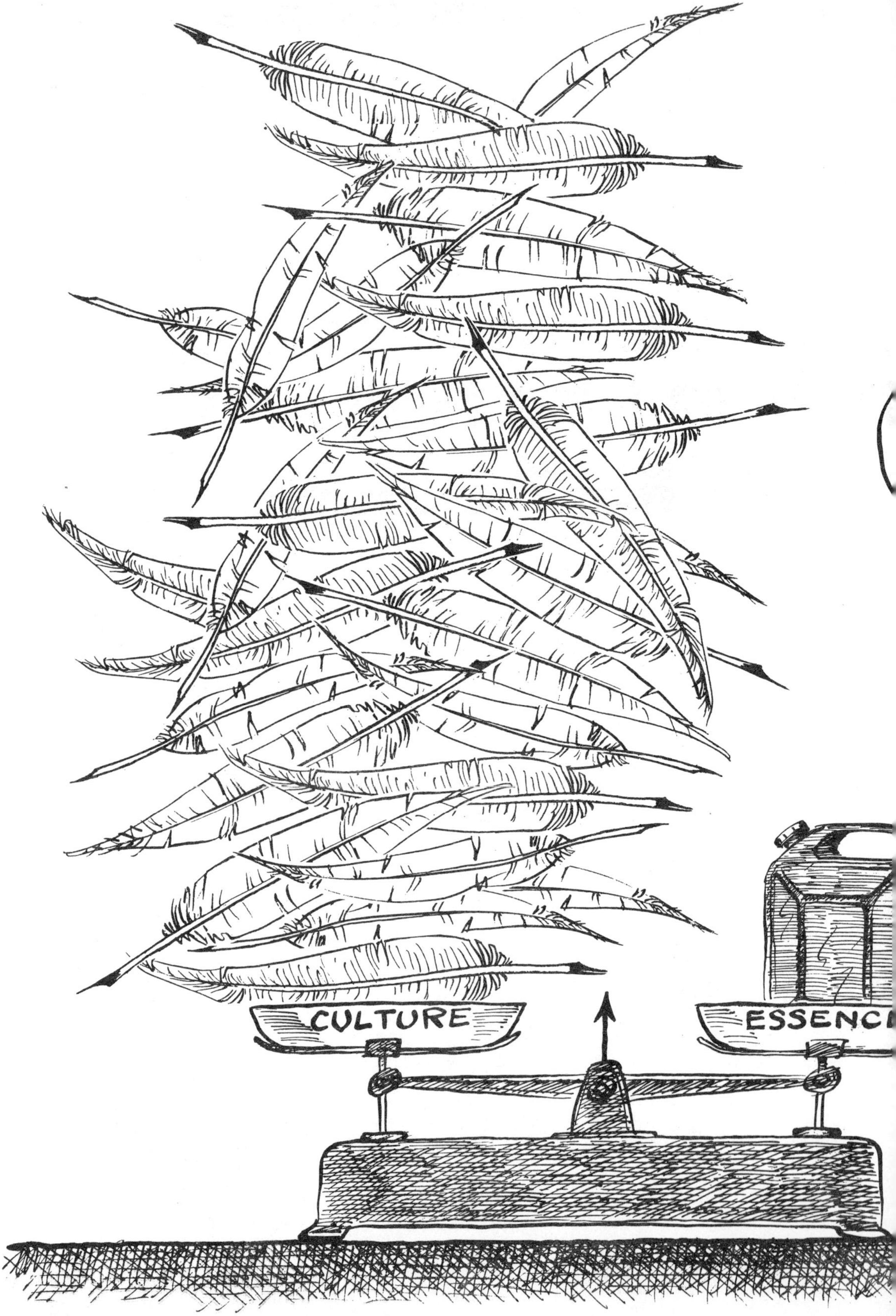
CULTURE
ESSENC

CULTURE ET MÉDIAS

500 000 personnes travaillent pour la culture, et les Français lui consacrent autant que pour leur essence.

Rika Zaraï enfièvre l'Ordre des médecins: la chanteuse distribue gratuitement au téléphone ses conseils pour soigner la grippe.

RESTAURANT
chez Mimile
MENU
GOLLIMARD et FIL
LIBRAIRIE MODERNE
PRIX GONCOURT
FAST-FOOD
REDBURGER
BLUEBURGER
YELLOWBURGER
GREENBURGER
PINKBURGER
PURPLEBURGER
GOLLIMARD et F
LIBRAIRIE MODER
PRIX GONCOURT
T-FOOD
FAST-THINK
BURGER
YELLOWBURGER
BURGER
PURPLEBURGER
TF1
LITTERATURE?
TAPEZ 3615 LIT
P. SALAIRE
J.-E. HALIÉNÉ
B.-H. VILLE
L'EXPRESS A CHOISI :
M. ALTERNE
P.-L. GROSOUS
RIKA-ZARAK
TOP 50 - L'OBS -
ILS SERONT A "APOSTROPHES" VEND. 13
J.F. Batellier. 6/87

Mai 1986 : Léotard privé de son « Heure de vérité » par la grève sur Antenne 2.

Juin 1986 : manif inter-télés contre la privatisation.

ONCLE PIC'TOU
L'AUTO JOURNAL
RHONE ALPES
PRESSE OCEAN
L'AURORE
CENTRE PRESSE
LE FIGARO
LOIRE MATIN
LE DAUPHINÉ LIBÉRÉ
LE HAVRE PRESSE
NORD ECLAIR
FIG-MAG
PEUR
PROGRÉS DE LYON
L'UNION DE REIMS
FRANCE SOIR
PARIS NORMANDIE
FRANCE-SOIR MAGAZINE
L'ECLAIR
NORD MATIN
LE HAVRE LIBRE
FRANCE ANTILLES
LYON MATIN
LE BERRY
L'ECHO
LA LIBERTÉ
VAUCLUSE MATIN
RESULTATS
J.F. Barellier. 1/86

PORNO : QUI VA PRENDRE LA POULE AUX OEUFS D'OR?..

PAYSAGE AUDIOVISUEL FRANÇAIS..

MiEUX-DiSANT CULTUREL DANS PA

SAGE AUDIOVISUEL FRANÇAIS...
A2
O
TF1
N
CNCL
EXPRESS 88
SONDAGE
J.F. Batellier
4/87

L'INSÉCURITÉ

Avant le 16 mars 1986, des assassinats de vieilles dames à Paris...

ARSENAL et VIEILLES DENTELLES..

Après le 16 mars 1986, des assassinats de vieilles dames à Paris...

Décembre 1985 : ses voisins faisaient trop de bruit. Deux morts...

Novembre 1985 : vol d'un Monet au musée Marmottan.

Février 1986: prise d'otages à la cour d'assises de Nantes. Première exigence des ravisseurs: la présence des caméras de télé.

..LES FEMMES AU VOLANT MOINS AGRESSIVES QUE LES HOMMES..
SAUF PEUT-ÊTRE MADAME THATCHER
REMEMBER THE FALKLAN
EXOCET
RENAULT
J.F. Batellier. 2/86

VOUS CROYEZ A L'EXEMPLARITÉ DE LA PEINE DE MORT?...
..PENDONS LES CHAUFFARDS!
ROULAIT A 175 km/h IVRE MORT: 4 MORTS 5 BLESSÉS
RÉCIDIVISTE 3 ACCIDENTS 7 MORTS 22 BLESSÉS
A TUÉ TOUTE SA FAMILLE + 2 AUTRES PERSONNES
LYON
EVRY
ORLEANS
CHARTRES
PALAISEAU
J.F. Batellier. 7/86

J.F. Batellier. 8/83

COMMUNIQUONS...

IL FAUT ABSOLUMENT QU'ON SE VOIE ; ON SE TÉLÉPHONE..
..ET ON SE FAIT UNE PETITE BOUFFE !
RETOUR
J.F. Batellier. 6/86

SEXE-APPEL

BISOU PHONE
GAY CALL
SUS AU PHONE
ADADA PHONE
BAISOFUN
J.F. Batellier 12/85

JE N'AI PLUS PEUR DU SIDA AVEC LES PRESERVATIFS "DUSEX"
EXTRA ! VOTRE CAMPAGNE.. ...CETTE FAÇON DE GONFLER UNE AFFAIRE !
GOODYEAR
FUJI
DUSEX
DUSEX
J.F. Batellier 9/85

SELON LE PEN, LE SIDA SE TRANSMETTRAIT PAR LES LARMES, LA SUEUR ET LA SALIVE..

MULTISEX
24 HEURES SUR 24
DU SEXE PÉTARADANT
ZIZI-RAIDEUR
À FOND LA FESSE !
SALLE 1
BLANCHE VERGE ET LES SEPT MAINS
SALLE 2
KON
DU JAMAIS VU!
MENSTRUEUX
SALLE 4
MACHO À SOUHAIT!
LE GLAND DES SYPHILIENS
SALLE 5
LE CON DE LA ROMBIÈRE BAILLE!
ÉPOUSTOUFLANT!
LA GRAND
CRAMOUIL
TRIPLE X!
SALLE 1
SALLE 2
SALLE 3
SALLE 4
SALLE 5
SALLE 6
SALLE 1 ZIZI-RAIDEUR X
SALLE 2 BLANCHE-VERGE ET LES SEPT MAINS
SALLE 3 KING KON
SALLE 4 LE GLAN DES SYPHI
SALLE 5 LE CON DE LA ROMBIÈRE BAILLE!
SALLE 6 LA GRANDE CRAMOUILLE
24H SUR 24H
.. LE FILM EST DÉJÀ COMMENCÉ ?
CAISSE
Accès 24 F
J.F. Batellier. 1/83

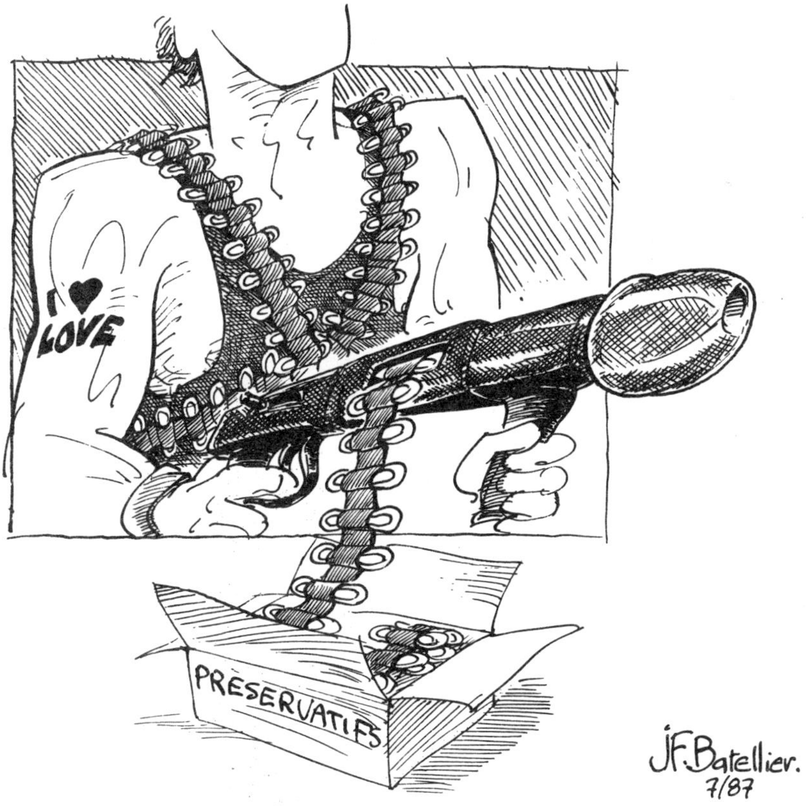

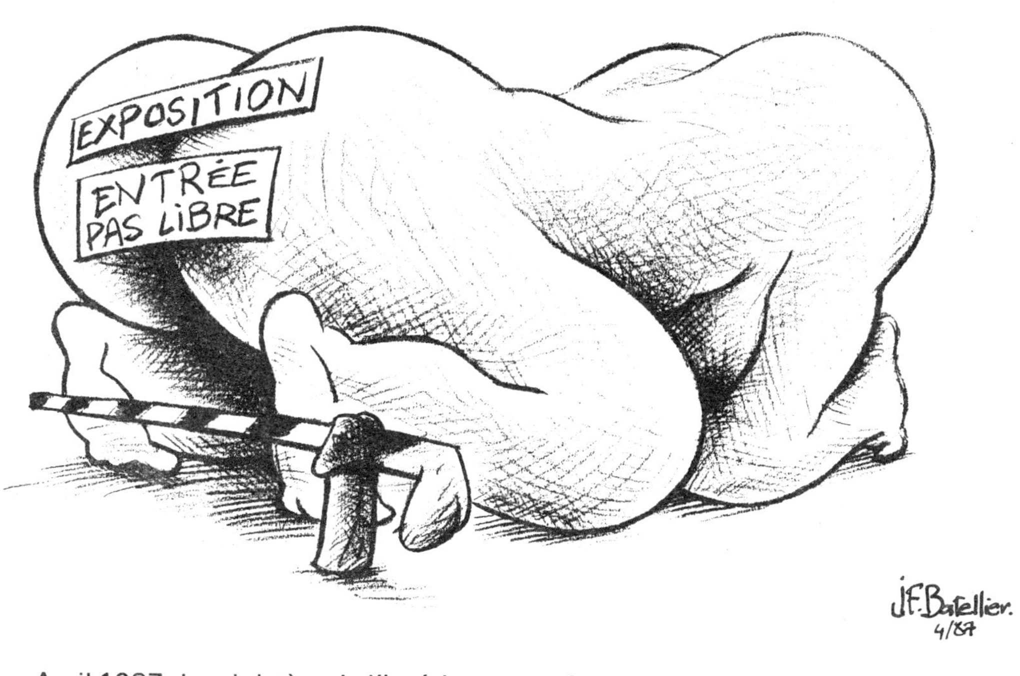

Avril 1987 : le ministère de l'Intérieur organise une expo des «horreurs» du porno (entrée sur invitation seulement...).

Inde : Bhopal.

Grèce : projet d'usine d'aluminium à Delphes.

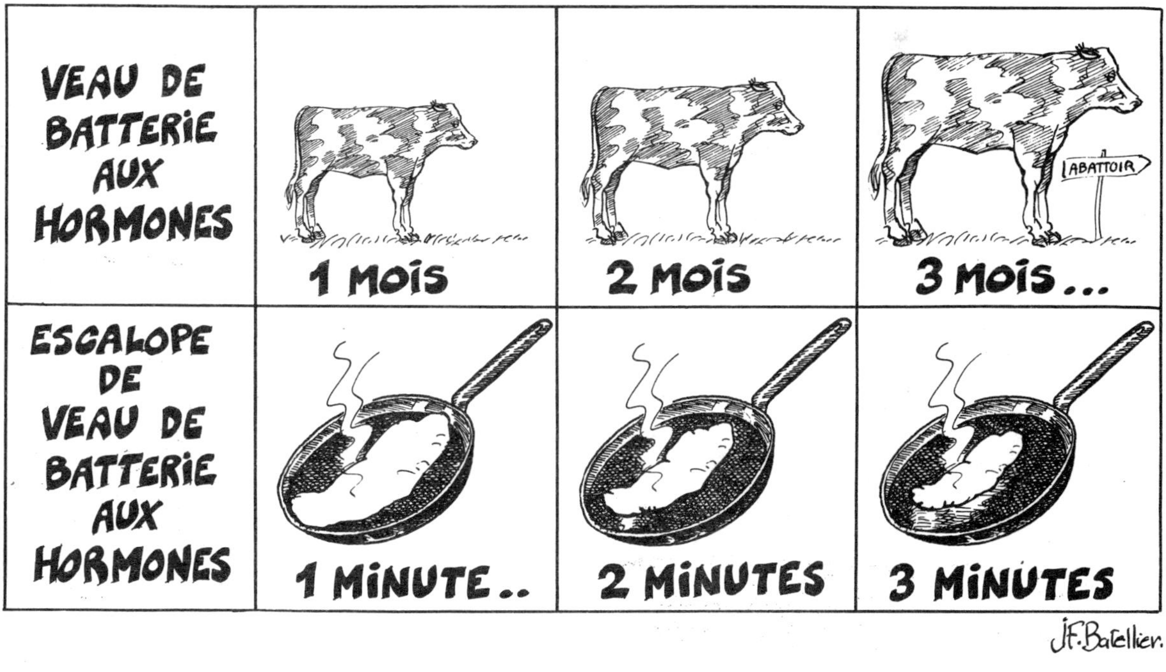

Italie : le vin au méthanol.

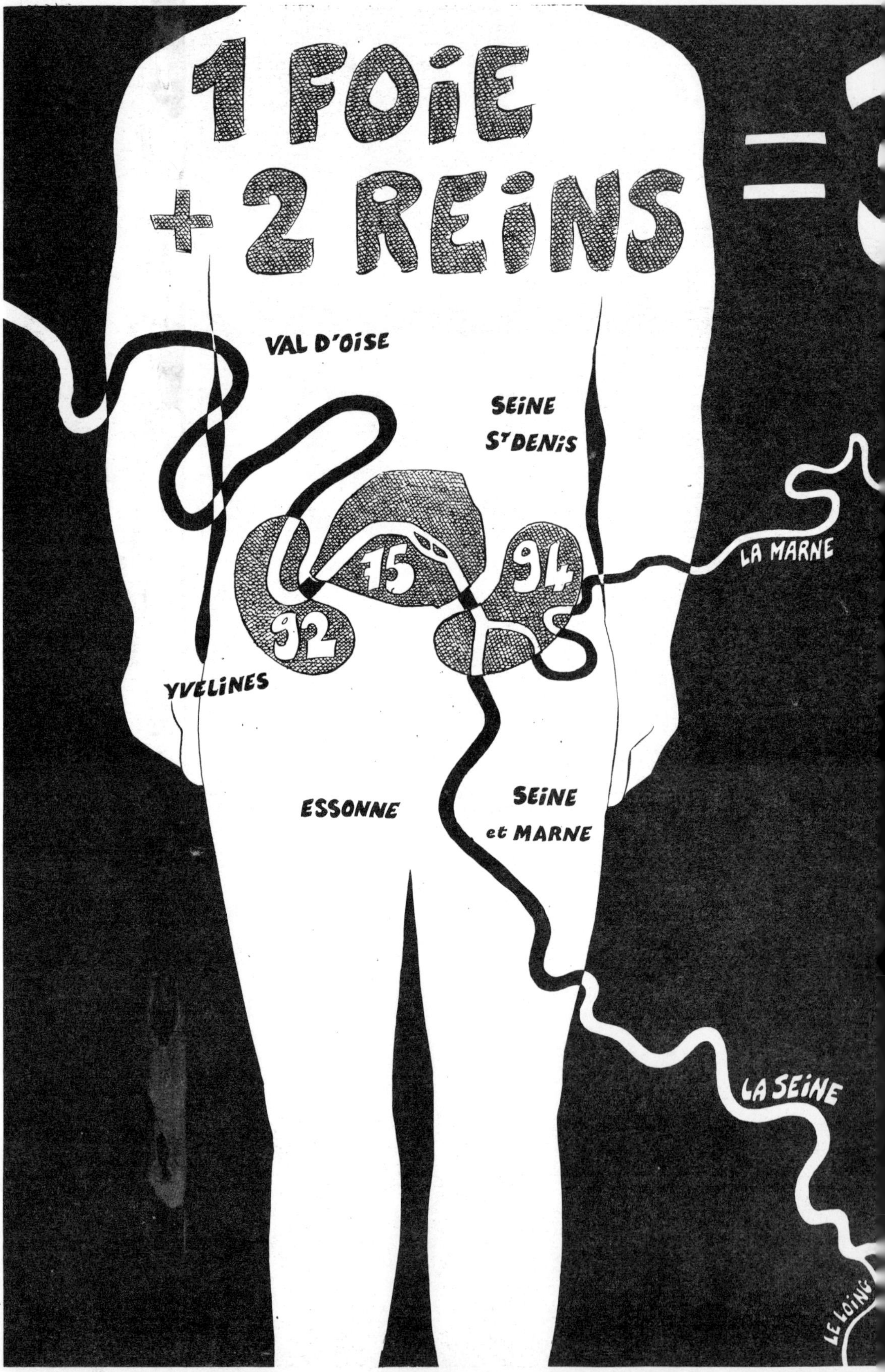

1 FOIE
+ 2 REINS
VAL D'OISE
SEINE
St DENIS
75
92
94
LA MARNE
YVELINES
ESSONNE
SEINE
et MARNE
LA SEINE
LE LOING

3 BONNES
RAISONS
(ENTRE AUTRES..)
DE REFUSER
A CENTRALE
NUCLEAIRE
DE
NOGENT
SUR SEINE
YONNE
J.F. BATELLIER 12/78

MODE
SOLDES
-25%
N 7
POMPEÏ

CENTRALE NUCLEAIRE
BP
FRINGUES
SOLDES
-25%
J.F. Batellier.
8/86

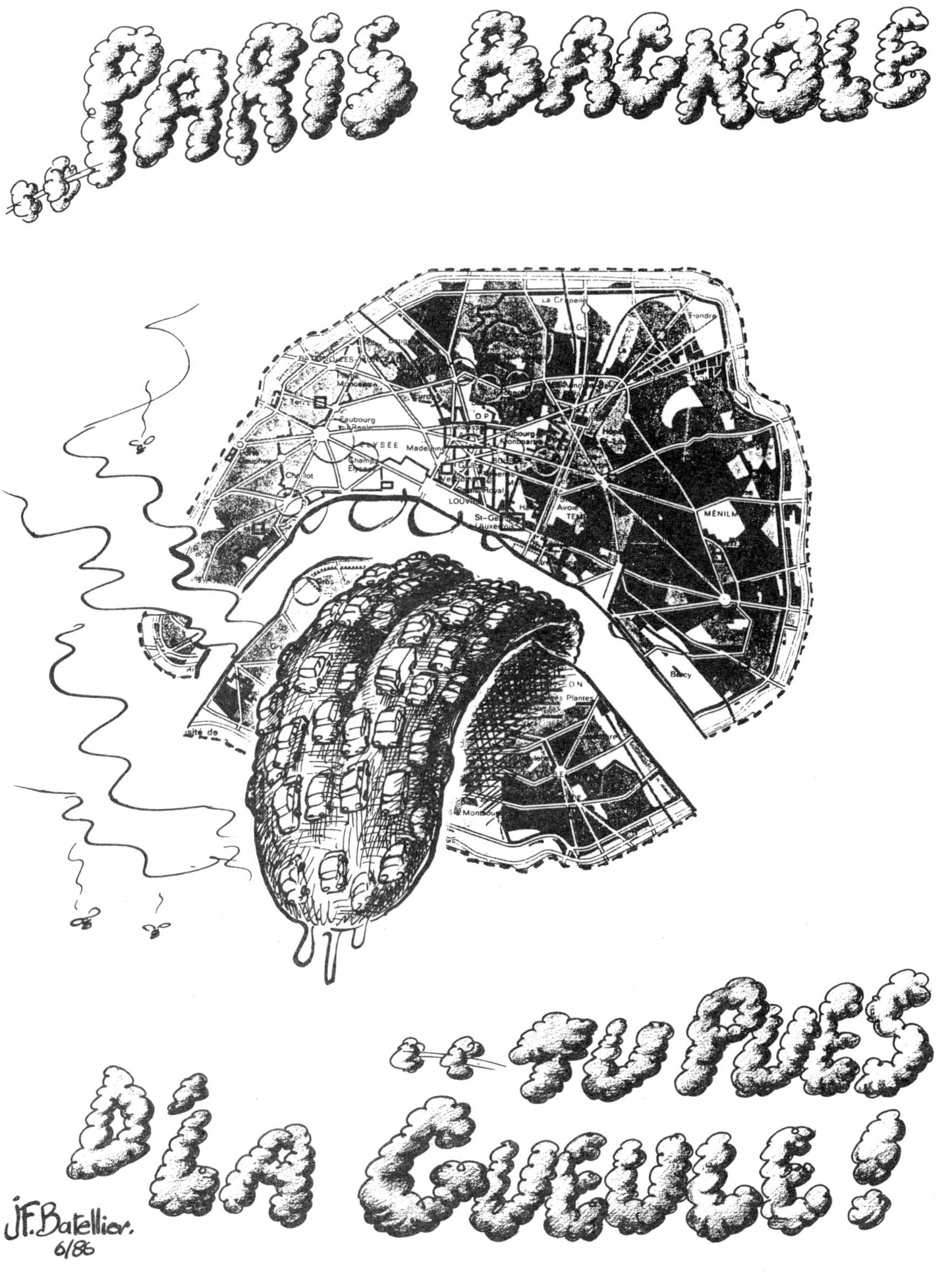
PARIS BAGNOLE
TU PUES D'LA GUEULE!
J.F. Batellier. 6/86

MAI 1986 : TCHERNOBYL

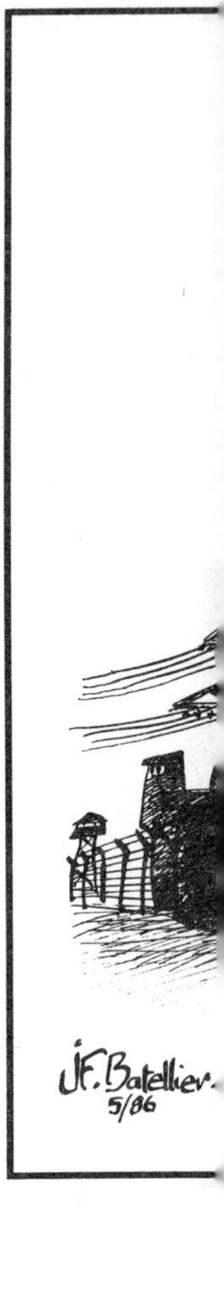

PARADIS SOVIÉTIQUE
EILLE TECHNOLOGIQUE

Tchernobyl N°5
JF.Batellier.
5/86

CENTRALE DE
EDF
Quartier de Haute Sécurité
EDF
FR3
..TOUTE FUITE EST PROPREMENT IMPENSABLE!
J.F. Batellier 4/86

..C'EST GORBATCHEV : IL NOUS DEMANDE UNE AUTORISATION DE SURVOL POUR SES NUAGES RADIOACTIFS !
Le Monde
TCHERNOBYL
TOKYO
J.F. Batellier 5/86

Mai 1986 : divergence franco-allemande sur le niveau d'irradiation tolérable pour les salades.

EUROPE : LA FIN DES PAS

SAGES A NIVEAU..
DOUANES FRANÇAISES
J.F. Batellier.
1/86

UN SOUS-MARIN ATOMIQUE SOVIÉTIQUE COULE DANS L'ATLANTIQUE..

APRÉS TCHERNOBYL:

ROTTERDAM
DORDRECHT
ARNHEM
NIMEGUE
VENLO
MEUSE
KREFELD
DÜSSELDORF
DUISBURG
ESSEN
DORTMUND
BOCHUM
WUPPERTAL
HAGEN
RUHR
RUHR
NON AU RHIN ARTIFICIEL
COLOGNE
BONN
COBLENCE
MOSELLE
FRANCFORT
MAIN
WIESBADEN
MAYENCE
HEIDELBERG
LUDWIGSHAFEN
MANNHEIM
HEILBRONN
KARLSRUHE
SANDOZ
HOFFMANN LAROCHE
CIBA
POTASSE D'ALSACE
ILL
MULHOUSE
STRASBOURG
STUTTGART
NECKAR
ULM
DANUBE
SINGEN
FRIEDRICHSHAFEN
LINDAU
BALE
LAC DE CONSTANCE
J.F. Batellier. 12/86

LE MYSTÉRE DE
LA CHAMBRE Â GAZ
.. CONCENTRATION, PEUT-ÊTRE MAIS 2 MILLIONS DANS 10 MÈTRES SUR 7..
.. 2 MILLIONS DE POUX, A LA RIGUEUR!
DOUCHES
FAURISSON
AUSCHWITZ
CHAMBRE A GAZ II
et
CREMATOIRE II
J.F. Batellier.
7/87

BARBIE REFUSE D'ASSISTER A SON PROCÈS

Jean-Paul II reçoit Kurt Waldheim.

..KURT WALDHEIM A TOUT OUBLIÉ !
..MÊME MA SIGNATURE
JE SUIS OBLIGÉ DE FAIRE UNE CROIX !
REPUBLIK OESTERREICH
LE PRESIDENT
J.F. Batellier. 6/86

IFORNIA
MENTO
CARSON CITY
NEVADA
ARIZO

Le 26 mai 1986, six millions d'Américains forment une chaîne humaine de l'Atlantique au Pacifique, pour venir en aide aux sans-abris.

Février 1986 : Philippines. Coup de grâce pour le dictateur Marcos : son armée, pourtant choyée, bascule dans le camp de Cory Aquino.

Mars 1986 : Olof Palme assassiné. La Suède en état de choc.

Février 1986: qui veut adopter Baby Doc?...

Février 1986: les Américains embarquent Marcos pour Hawaii.

Jacques Médecin prêt à recevoir son ami Baby Doc sur la Côte d'Azur.

DES AVIONS SOVIÉTIQUES AU NICARAGUA !

En visite au Chili, le pape condamne «la violence d'où qu'elle vienne» et prêche la réconciliation.

1er janvier 1986: en direct simultané, Reagan adresse ses vœux aux téléspectateurs soviétiques, Gorbatchev adresse les siens aux téléspectateurs américains.

1986
HEUREUSE ET BONNE.
A CELLE DES ÉTOILES !
JF. Batellier 1/86

LIBYE, LIBAN, IRAK, IRAN...

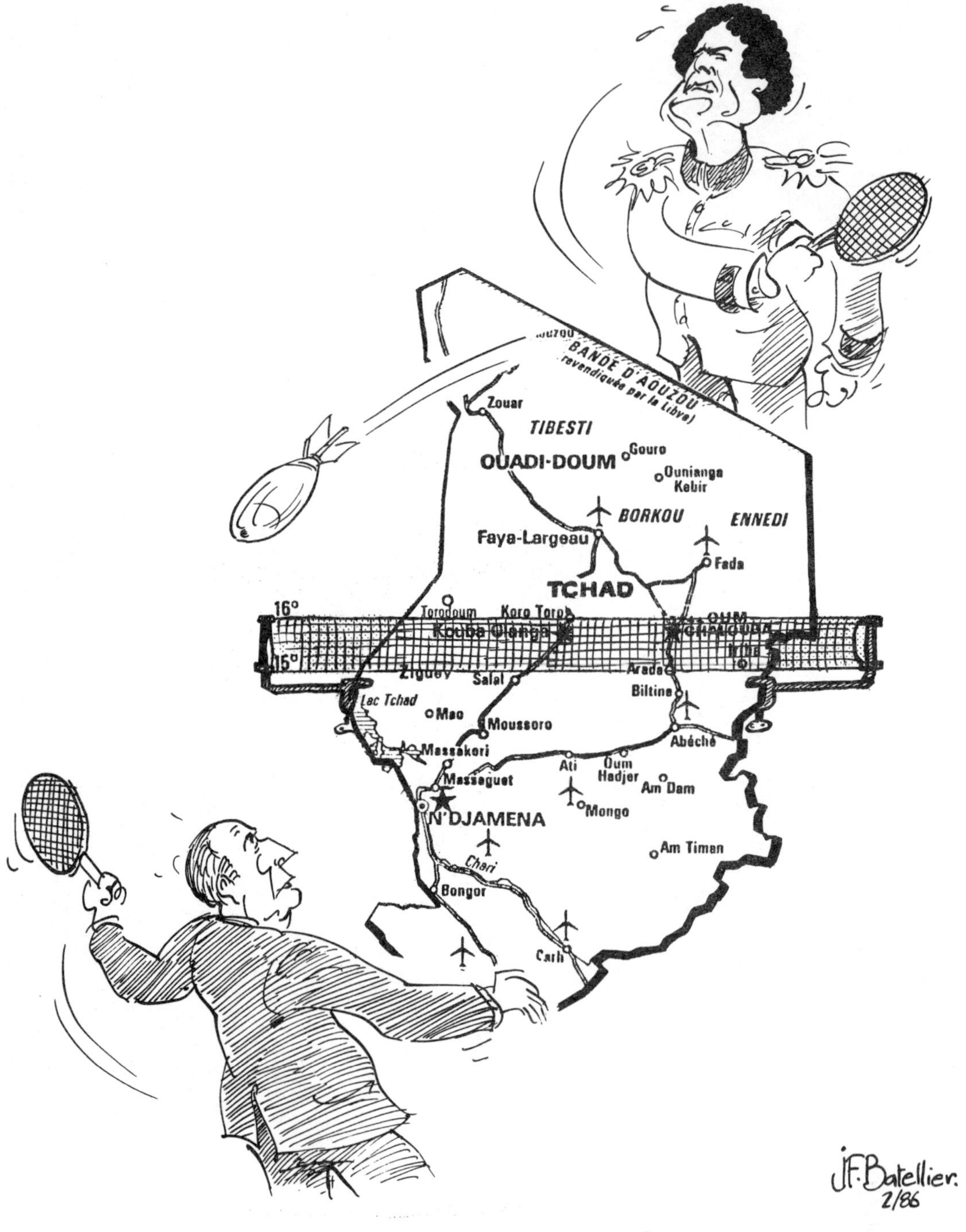

Janvier 1986 : Liban, combats entre milices chrétiennes.

 Avril 1986: les Américains furieux du refus de survol de la France pour leur raid sur la Libye.

OTAGES, Ô DÉSESPOIR...

« Nous vivons des moments perpétuels d'angoisse et la mort nous obsède. »
Ainsi s'exprime Jean-Paul Kauffmann sur une vidéo-cassette déposée par le Jihad islamique au bureau de Beyrouth de la chaîne de télévision américaine ABC.

IRAN
OTAGE
IRAK
J.F. Batellier
3/86

MADE IN FRANCE
IRAK
IRAN
JF. Barellier.
3/87

PERSH
IDS
CAMA
..JE

ADE GORBATCHEV
RÉSUME ?
SS2
MIRV
ICBM
J.F. Batellier.
11/85

JEUX DE GRANDS

Septembre 1985 : l'enquête fait apparaître que le Boeing sud-coréen abattu froidement par les Soviétiques en 1983 effectuait bien une mission d'espionnage. 269 morts...

REAGAN II

Le Congrès américain inquiet du déficit du budget que creuserait encore plus le programme de «guerre des étoiles».

..ARRÊTONS LA COURSE AUX ARMEMENTS !
..MAUVAIS JOUEUR !
ÉCONOMIE SOVIÉTIQUE
I ♥ I.D.S
JF. Batellier. 10/86

AVEC UN DOLLAR A 6F, PAS BESOIN D'ÊTRE UN CRACK POUR CONQUÉRIR DES MARCHÉS!
U.S. MADE
EUROPE
JF. Batellier. 1/87

Juin 1987 : concert rock près du Mur à Berlin-Ouest. Les vopos repoussent des milliers de jeunes de l'Est qui tentent de l'écouter.

Juin 1987 : émeutes populaires en Corée du Sud. Les JO de Séoul compromis?...

ZZZZZZ
DEBOUT LÀ-DEDANS !
CCCP
J.F. Batellier. 7/87

GENÈVE-REYKJA

VİK-WASHİNGTON

Septembre 1985 : devenu gênant pour les Chinois, Pol-Pot, l'organisateur du génocide cambodgien, est mis «à la retraite anticipée».

Roumanie: le dictateur roumain Ceaucescu «libère» 1 100 personnes pour 300 millions de dollars. Washington menaçait de suspendre la clause de «la nation la plus favorisée».

Septembre 1985: en remaniant son gouvernement, Margaret Thatcher cherche à rajeunir l'image des conservateurs.

Juin 1987 : élections en Grande-Bretagne.
Le Nord appauvri des vieux centres industriels vote travailliste. Le Sud prospère des «services» vote conservateur.

..VOUS NE SAVEZ PAS LIRE? C'EST ÉCRIT BLANC SUR NOIR!
POURTANT!
SOWETO
ETAT D'URGENCE: INTERDICTION DE TOUT!
A BAS L'APARTHEID
J.F. Batellier. 6/86

TOWNSHIP
N°251
PRISONERS:
31/12/86
25287
APARTHEID
J.F. Batellier
12/86

Octobre 1985: Grand prix de formule 1 en Afrique du Sud.

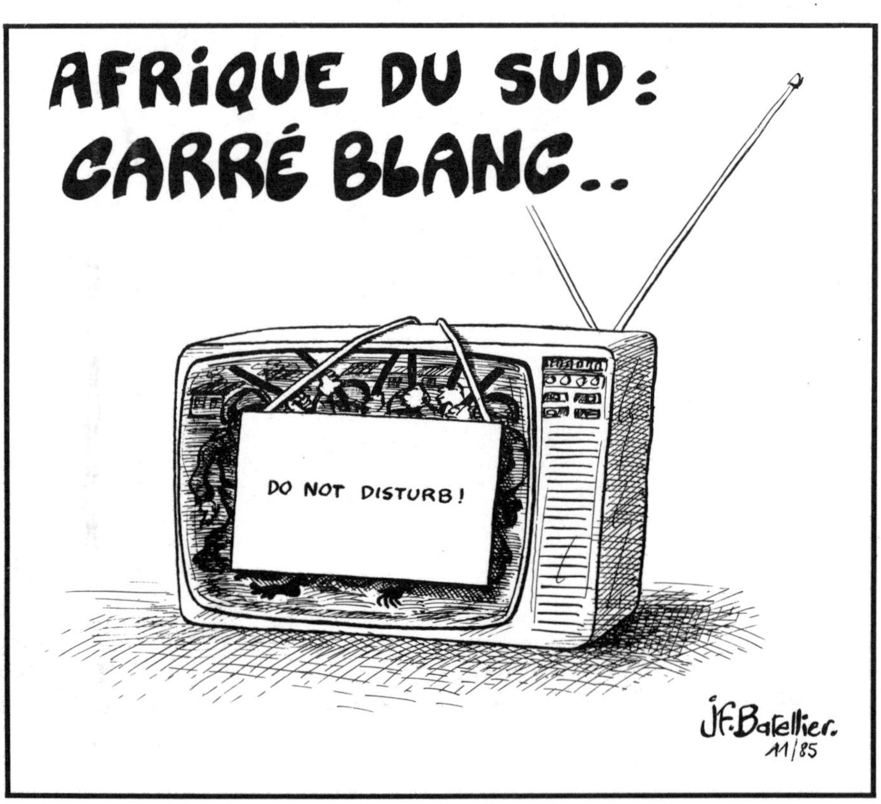

Novembre 1985: Botha censure les images de violence.

Juillet 1987 : neuf parlementaires français (3 FN, 3 RPR, 3 UDF), guidés par le numéro 2 du Front national, Jean-Pierre Stirbois, reviennent éblouis de leur voyage en Afrique du Sud.

GREDIN..
FN
GRADINS..
FN
GRATIN..
DANS MON CONSEIL MUNICIPAL, ILS...
..PLUTÔT LE PEN QUE BLUM !..
..IL SAURA NOUS PROTÉGER CONTRE NOUS-MÊMES..
..SI IL ME DEMANDAIT DE FAIRE DES MÉNAGES.?
..LE FASCISME A VISAGE HUMAIN, ENFIN!
LA DÉMOCRATIE EST UN LUXE QUE LA FRANCE NE PEUT PLUS SE PAYER!
C'EST UN HOMME FORT QU'IL NOUS FAUT, PAS UN CHIRAC..
..DANS NOTRE INTÉRÊT
..ESTHÉTIQUEMENT PARLANT, ÇA INTERPELLE!
..JUSTEMENT, J'AI LU DANS LE FIGARO-MAGAZINE..
FN
J.F. Batellier 8/87

HARMONIE
UNION
PAIX
UNITÉ
ENTENTE
RASSEMBLEMENT
SÉRÉNITÉ
1988
FORCE TRANQUILLE
FN
POUR LA SECU
J.F. Batellier
7/87

1988, ANNÉE ÉLECTORALE.
BON APPÉTIT!...

Cet ouvrage a été composé par Graphic Hainaut, gravé par Edilog, imprimé et broché par Carlo Descamps à Condé-sur-l'Escaut
Numéro d'imprimeur: 4722
Premier tirage: 11000 exemplaires
Dépôt légal: septembre 1987
ISBN 2-7071-1706-4